COURTES

RÉFLEXIONS

SUR LE MOMENT.

Rusticus, abnormis sapiens, crassâque Minervâ.

Hor. Sat. 2.

DEUXIÈME ÉDITION.

à Paris.

CHEZ LES PRINCIPAUX LIBRAIRES.

1825.

COURTES
REFLEXIONS

SUR LE MOMENT.

Voici encore une brochure qui, sans doute, est promise à l'oubli le plus prochain. Tel est le sort de ces productions de circonstances : un seul jour les voit naître et périr. Plût à Dieu qu'il en fût ainsi du reste; mais il n'en va pas si commodément. Si la justice des tribunaux n'a rien à réclamer, parce qu'on s'est renfermé dans le respect dû à la religion, au Monarque et aux lois de son pays, la police n'en garde pas moins rancune; elle ne vous en inscrit pas moins au nombre de ceux qu'elle tient sous son œil vigilant. Elle se dit : Cet homme pense, il est dangereux. — Eh! mon Dieu, non, il n'est pas dangereux.

S'il existe une liberté de la presse, c'est

vraisemblablement pour qu'on en use, et on en use en louant ou en blâmant le pouvoir.

Il y a quelques jours qu'un philosophe de mon endroit me disait à la promenade, en parlant de la France actuelle :

« Voyez, mon ami, voyez les entraves, les empêchemens de toute espèce que l'on apporte au développement de nos *facultés*, le soin assidu qu'on met à tout resserrer, tout rétrécir, tout borner. L'article du Moniteur de la fin de juillet est désespérant; il semble nous retenir à jamais dans le port, tandis que pour d'autres des vents prospères souffleront. Le commerce, l'industrie, les arts : tout cela est enchaîné au-dedans. Les Français sont emprisonnés chez eux; ils ne peuvent rien au dehors, et il n'y a pas apparence qu'on veuille les élargir de sitôt.

D'un autre côté, voyez par les limites des états qui nous entourent, comme la Sainte-Alliance pèse sur nous de son énorme poids. On ne saurait porter ses regards et son espoir au-delà des frontières, tant elles sont escarpées. Enfermés, comprimés que nous sommes dans les limites du sol et du présent, n'a-t-on rien à craindre de cette opinion, dont l'intensité va toujours en augmentant, au risque même d'amener une explosion? Malheur à qui méconnaît une telle force !

La société est faite; elle est lancée, il faut la prendre avec ses mille besoins. Quelle que soit la méthode de refoulement, il n'est pas facile de la faire rentrer en elle-même. Par le moyen des macérations, mortifications politiques et religieuses, on ne la réduira pas à occuper moins de place : car par la révolution le tiers-état s'est extravasé; au lieu d'une rivière, c'est un fleuve, et toute la France est son lit. On a beau circonscrire l'activité intellectuelle et physique, il faut qu'on pense, qu'on se remue. C'est un ressort que l'on peut déprimer un instant avec une apparence de succès, mais qui peut faire sauter.

Quelle plénitude dans le corps social! on y étouffe, tant on y est pressé, foulé les uns par les autres. Regardez comme les individus se heurtent, s'entrechoquent et se

renversent pour arriver aux moindres choses ; tous se font concurrence et obstacle.
N'êtes-vous pas frappé de la peine, de la
difficulté attachée à chaque position, chacun
ne faisant pour ainsi dire que ses *frais* pour
avoir l'honneur de vivre et mourir sous une
monarchie constitutionnelle, tempérée par
des abus ? et par dessus tout cela, ce qui
n'est pas peu effrayant, apparaît une géné-
ration nouvelle plus nombreuse, venant
prendre en partie possession d'un terrain
non vacant, et ajouter des difficultés aux
difficultés par un surcroît de charges et une
diminution de moyens. Comment tout cela
finira ? »

Il se trouve aujourd'hui que mon philosophe a parlé quelques jours trop tôt. L'ap-
parition subite, inattendue de l'ordonnance
royale qui reconnaît l'indépendance de St-
Domingue, fait tomber toutes ses banales
doléances. On n'étouffera plus comme il le
disait ; voilà de l'espace pour prendre l'air.
Partez donc maintenant, vous tous qui étiez
si *pressés !*

Rendons justice au ministère d'une pareille détermination. Il a fait là un pas de géant. Si des fautes de plan et de système déposent contre lui, du moins la reconnaissance de St.-Domingue demeurera comme un monument de l'administration actuelle. Applaudissons au bien partout où il se rencontre, et ne soyons pas de ces esprits *grognards* qui font honneur de tout aux choses, pour n'en laisser le mérite à personne.

On pourrait, jusqu'à un certain point, dire des journaux ce que Montaigne disait de la diversité des opinions des philosophes anciens sur la Divinité. « *Fiez-vous à votre philosophie ; vantez-vous d'avoir trouvé la febve au gasteau, à veoir ce tintamarre de cervelles philosophiques.* »

Cependant il y a moyen de s'y reconnaître ; la vraie indépendance a un langage qui ne trompe pas. Ici c'est une opposition large et franche comme la base sur laquelle elle s'appuie ; là c'est une opposition de côté, qui tient à un ancien ordre de choses qu'elle voudrait voir ressusciter. Cette autre, Nestor de la politique, l'éloquence coule de sa plume, elle regrette le pouvoir et combat pour le ressaisir. Elle vous dira en grands et sublimes termes : « *Les géné-* » *rations nouvelles arrivent au camp, et* » *sont impatientes d'en partir.* » On pourrait lui répondre : Oui, mais elles dorment sous la tente.

Par toutes ces nuances d'opinions, il est facile de se convaincre du nombre des mécontens.

Tous s'attaquent à un seul homme, comme si, apparemment, cet homme était tout; c'est vers lui que tous les traits de leur polémique sont dirigés, mais tous ces traits tombent émoussés aux pieds du colosse qu'ils ont pour but d'abattre. Leur impuissance même les rend ridicules; car en France, et il ne faut pas l'oublier, le succès est un grand maître.

Un ministre qui se soutient contre une pareille ligne d'attaque, passe nécessairement pour un homme habile. Vous répéterez que ce n'est qu'à force de concessions à certain parti obscur : à la bonne heure; mais toujours est-il qu'il se maintient.

Messieurs des débats, astrologues en ce genre, nous avaient annoncé sa chute comme très-prochaine, nous étions accourus pour en être témoins; mais, fatigués d'attendre , sans rien voir, nous avons tous repris le chemin du pays, bien convaincus que le renouvéllement septennal de la chambre n'a été inventé que pour mettre un terme aux disgrâces des ministres. La septennalité est le bail ministériel, comme était à Rome l'année consulaire; encore M. de Villèle peut-il être ministre nommé pour la deuxième fois.

En France , dit dogmatiquement l'auteur de la monarchie selon la Charte , *un ministre qui ferait des fautes serait bientôt obligé de se retirer.* En France, un ministre reste en place malgré ses fautes, et s'il ne fait pas de la monarchie selon la Charte, il en fait selon le ministre. *En France ,* continue le même auteur, *l'honneur fera beaucoup sur les proposés du pouvoir :* paroles sacramentelles! Nous lui demanderons si c'est, selon lui, le parti de l'honneur qui l'emporte depuis quelque temps.

En tout cas, ce serait le parti de la faiblesse; car nous ne pouvons pas nous abuser à ce point, de nous croire gens à caractère, lorsque les séductions du pouvoir ont tant de prise sur nous, et que nous leur cédons la victoire de si bonne grâce. S'il en est qui résistent plus, c'est par une sorte de coquetterie et pour obtenir un plus haut prix. Un peu plus, un peu moins, nous sommes vendus d'avance pour la plupart. Cela est triste, mais cela est vrai. Allons, mes chers compatriotes, relevons-nous un peu de ce genre d'abjection; cessons de nous traîner aux pieds de la fortune et de la puissance. Il en est de la liberté, comme du bonheur, chacun la porte en soi-même : nous la voulons et c'est tout ce que nous faisons pour elle; nous la voulons, mais c'est un vœu d'enfant, si nous ne commençons pas par nous donner les vertus que ce mot renferme.

Il est certain qu'au point où nous sommes descendus, il n'est pas facile de remonter. Le système septennal est tuant, il a fermé tout espoir; car il nous place dans un cercle vicieux, au milieu duquel on se débattra en vain. Croit-on qu'avec l'élection annuelle et l'influence qu'elle exerce d'avance sur les délégués du pouvoir, on en serait venu à tout oser, à tout entreprendre sur les destinées du pays; à se jeter, enfin, dans des systèmes gigantesques, et y persévérer en dépit des plus sages remontrances? Appeler encore l'opinion au secours, comme le fait un grand écrivain, c'est une moquerie, une mystification. Eh! la malheureuse opinion, que peut-elle dans l'impuissance où il a contribué lui-même à la mettre? elle est sans force, sans réalité dans le Gouvernement. Comme puissance, elle n'est que l'ombre d'elle-même, c'est une puissance *parlière*, une puissance vaine comme la parole qui lui est laissée, au lieu de l'action véritable.

Il n'est donc pas étonnant que tout marche à rebours, que M. de Villèle ne représente pas la France, comme M. Canning l'Angleterre.

Si le vaisseau de l'Etat n'est pas mieux conduit, à qui s'en prendre si ce n'est au premier pilote? Je n'ignore pas que la source du mal dont nous nous plaignons vient en grande partie de nous, de cet absence d'esprit public, lequel devrait nous animer tous, et fait que le pouvoir nous chasse devant lui comme un troupeau timide et sans défense. De plus, dans un temps si relâché sur les vertus civiques, si emporté vers la fortune, comment espérer que le pouvoir ne trouvera pas des hommes qui représentent trop bien le côté défectueux du siècle? S'il est des hommes plus sages, le chapitre des considérations personnelles agit puissamment sur eux; ainsi, dans les Chambres, combien d'honnêtes gens, qui ont confiance en la capacité, en la probité, en la sincérité des sentimens de M. le premier Ministre! Que sais-je, moi, jusqu'où peut aller, sur des hommes paisibles, inclinant au repos, l'influence des vertus privées de celui qui est au pouvoir? Peut-être aussi ne sommes-nous pas assez avancés dans la carrière du gouvernement représentatif pour que les affections par lesquelles nous sommes continuellement dominés, fassent place aux vertus mâles qui y sont indispensables.

C'est en vain que, pour inspirer de l'émulation aux Ministres régnans, l'opposition rappelera le souvenir des Colbert, des Sully, des l'Hôpital, etc. Ils ne s'en trouveront pas plus humiliés. Leur amour-propre leur dit assez que la tâche est autre aujourd'hui, et que ce n'est pas une petite affaire d'avoir à lutter perpétuellement contre ces flots d'opinions, contre ces partis qui, comme de rapides courans, menacent d'entraîner au fond de l'abîme la barque ministérielle.

Si c'est l'opposition qui déplaît, comme on n'en saurait douter, nous répondrons qu'il y en a toujours eu en France (sauf les vingt-cinq dernières années), si ce n'est dans la tribune et la presse qui n'existaient pas, c'était dans les corps constitués. On pourrait même affirmer qu'il n'y en a jamais eu moins qu'aujourd'hui. Et si l'on veut y prendre garde, c'est une chose assez bizarre qu'il se commette tant de choses en aussi pleine légitimité.

Mais les chargés du pouvoir ne sauraient manquer de raisons, ils vous font valoir des difficultés que ne peuvent apercevoir ceux qui sont en bas, mais qui effraient ceux à qui les rênes de l'Etat sont confiées. Sur tout cela, arrivent des commentaires officieux et officiels.

Ce qui est une charge ordinaire pour un être fort, est un fardeau pesant pour un être faible ; il en est de même de la charge qu'un homme d'état a à porter ; ou il est assez fort, ou il est si faible que les circonstances le dominent et l'écrasent nécessairement ; alors il tire, il traîne ce qu'il ne peut porter, et cela devient pitoyable.

Tout homme inférieur à sa mission, gâte tout, rien ne se relève sous sa main. C'est le propre de la médiocrité de compliquer ce qui est simple, et d'embrouiller ce qui est clair. Voulant des œuvres de sa façon, la médiocrité se jette à corps perdu dans des projets sans fin.

Quand la médiocrité se connaît elle-même, se rend justice, le mal n'est jamais grand ; parce que, timide, avertie par le sentiment de sa propre faiblesse, elle n'entreprend rien au-dessus de ses forces.

Le train ordinaire d'une paix profonde

peut se passer, si l'on veut, de ces hommes à grands talens; il y a *équation* des hommes aux choses, l'homme d'Etat médiocre peut convenir au temps médiocre.

Mais si les circonstances sont grandes, sérieuses pour les conséquences, et attendent quelque chose de décisif pour l'avenir, alors il faut des hommes capables et dignes de traiter avec elles, comme il faut Achille pour combattre Hector.

Enfin, ce qui mettrait le comble à la déraison, ce serait une médiocrité qui aurait des prétentions au génie et voudrait absolument faire parler d'elle. Nous n'en sommes pas réduits là, Dieu merci; si le génie est rare de nos jours, l'ignorance absolue l'est davantage.

Pour revenir à M. le premier Ministre, je lui rendrai ici une justice qu'on lui refuse, excepté dans les journaux de son bord dont je ne tiens pas compte.

Je dirai que l'idée conçue par lui d'acquitter la dette de l'indemnité sans ajouter au fardeau de la dette publique, pouvait le séduire et l'échauffer; je conçois l'empres-

sement, la persévérance qu'il a mis d'abord
à la faire triompher ; mais dès-lors que la
question a été traitée, éclaircie dans tous
ses points, et que le système qui reposait sur
cette idée a été démontré faux, préjudicia-
ble, je ne conçois plus cette opiniâtreté de
conviction, cet entêtement qui, ne capitulant
sur rien, veut à toute force s'ensevelir sous
les ruines de son système.

On dirait que son excellence veut toujours
se placer en dehors de tout le monde.

Croit-on qu'on ait fondu l'ancienne et la
nouvelle France, tout en ayant l'air de prendre un certain milieu? il n'en est rien. Le
déplaisir a été le même pour les deux partis ;
en un mot, on n'a rien fait pour nous récon-
cilier ; l'ancien, comme le nouveau régime
ont été déshérités de leur part d'influence
sur les affaires du pays ; bien plus, on s'est
débarrassé de l'un et de l'autre : de l'un, en
lui soldant à peu près son compte, dont il
ne donne pas quittance, à la vérité, si ce
n'est à valoir ; de l'autre, en le repoussant, en
le désespérant.

Nous parlons de réconciliation, de liberté,

c'est oublier que le Gouvernement a d'autres soins. On n'entend qu'une seule chose aujourd'hui: c'est le bruit des écus.

. Il s'est formé une sainte-alliance financière contre le peuple rentier; ainsi on ne sera plus rentier du tiers, mais des quatre cinquièmes d'un tiers-consolidé ou re-consolidé; car, à mesure que l'on rognera, la consolidation doit acquérir d'autant plus de force et de solidité.

D'ailleurs, si l'on a le chagrin de voir diminuer son revenu, d'un autre côté n'a-t-on pas la consolation de voir augmenter son capital?

On dit que l'intérêt est le fruit de l'argent. Généralement, on aime qu'un petit arbre rapporte beaucoup de fruits, et on ne voit pas l'avantage qu'il y a qu'un gros en rapporte peu. Tout le monde ne peut pas être initié à la science financière, aussi toutes les fois qu'une chose passe ma compréhension, je me croise les mains sur la poitrine, et m'incline respectueusement, en m'écriant: Gloire au prophète !

Les puissances financières prêtent secours aux puissances politiques; elles font entr'elles des traités d'alliance offensive et défensive. Les calculs, les bordereaux, les ordres d'acheter ou de vendre sont les actes diplomatiques, et tout cela est enveloppé du secret.

Notre ministre du trésor veut-il tenter une expédition; aussitôt une armée alliée de capitaux du dehors entre en France; se cantonne aux environs de la bourse. Ainsi en réserve, elle fournit, au besoin, des renforts pour ces combats journaliers, dans lesquels il s'agit, pour le général en chef, de conserver ses positions. Elle soutient sa gauche ou sa droite ébranlée, et fixe la victoire sous ses étendards. La présence de ces masses d'argent était nécessaire pour jeter le trouble dans les rangs des rentiers, et les obliger à capituler, en leur promettant toutefois les honneurs de la guerre. Mais, à vrai dire, la colonne, retranchée dans son bon sens, ne s'est point rendue; on menace de l'attaquer en tête, elle demeure immobile.

Pour présenter ses projets, il importait à M. de Villèle que la rente dépassât le pair et se maintînt au-dessus; c'est ce qui est arrivé.

Dussé-je ici soutenir un paradoxe, etc'en est un sans doute, tant il paraît naturel que notre rente soit au pair, je dis, en m'adressant à des esprits non prévenus, que le taux du pair n'est pas naturel, que la rente n'y est pas venue d'elle-même. Qui ne se rappelle avec quelle rapidité elle y a monté? L'origine de la hausse date de l'emprunt fait pour la guerre d'Espagne, c'est-à-dire de l'époque où l'alliance s'est confirmée entre un grand ministre et un capitaliste fameux. Pour motiver une réduction de cinq en quatre, le cours devait s'élever à cent quinze; la réduction alors se serait trouvée faite d'elle-même, et en inscrivant au grand-livre le quatre à la place du cinq, on n'eut fait que reconnaître et constater le fait des choses.

Il faut s'attendre, si la retraite de M. de Villèle avait lieu, à voir un changement notable dans les fonds. Son Excellence, avec le triste assemblage de ses projets, y est plongée trop avant, la place qu'elle y occupe est trop large, pour ne pas laisser en se retirant, un vide immense, difficile à combler pour son successeur. La présence seule du fondateur du système de réduction exercera toujours sur les fonds publics une pression foulante propre à les tenir très-élevés. Après lui, ils retomberont dans leurs véritables rapports avec la vérité; alors ils redeviendront l'expression sincère, le thermomètre fidèle de notre situation politique et commerciale.

Maintenant nous arrivons à la grande crise; c'est-à-dire à la bataille rangée du remboursement. C'est à présent que les masses de capitaux vont s'ébranler et marcher en avant pour chasser, et faire déguerpir des cinq pour cent, le ban et l'arrière-ban des rentiers. Ce ne sont plus des menaces pour intimider, c'est le châtiment qu'il faut infliger à ces mécréans. Lancez-moi avec vigueur le remboursement, déchargez-leur cinq à six cents millions sur la tête, et, d'une seule bordée, à-peu-près comme l'armée céleste, dans le *Paradis perdu*, envoie des montagnes à la tête des anges rebelles, peut-être qu'étourdis, chancelant du coup, ils iront s'asseoir, et respirer dans les trois pour cent... Mais, que dis-je! il n'est plus temps : l'heure nocturne, l'heure fatale, a sonné; les trois sont désormais sans pitié.

Ah! malheureux pécheurs, cœurs endurcis à l'égoïsme, vous n'avez pas voulu vous convertir, vous êtes demeurés sourds à nos paroles, diront les prédicateurs ministériels, les pères de la foi en finances, les portes du sanctuaire du trois pour cent vous sont fermées ; c'est présentement que vous allez expier votre incrédulité. Ne savez - vous donc pas qu'en finance, il n'y a que la foi qui sauve ?

Nous touchons bientôt au dénouement de ce drame financier, le premier personnage se trouvant déjà aux prises avec ses destins, va l'être tout-à-l'heure avec ses amis, ses alliés et autres interlocuteurs. Ce n'est pas ici qu'il a pu espérer du dévouement.

Il faut convenir que la finance est une terrible chose aujourd'hui, surtout lorsqu'elle est dans des mains qui veulent tout régir, tout gouverner ; il est toujours à craindre que la corruption ne s'échappe des coffres.

On a fait de singuliers raisonnemens pour justifier tout ce qui se fait; ce sont principalement les rapporteurs des commissions dans les Chambres qui se chargent de vous prouver que la loi présentée est toujours la meilleure. Ils ont dit, à propos des emprunts, que plus un Etat augmentait sa dette, plus il accroissait son crédit; que le crédit ayant besoin de la paix, il était, par cela même, une plus sure garantie de la paix. Oui, si chaque Etat faisait exactement comme nous. Parce que vous êtes intéressés à la paix, est-il dit qu'on ne vous fera jamais la guerre?

Dans cette nouvelle Athènes la raison y est si subtile, si déliée, que tout se prouve au moyen du raisonnement. Pour nous,

Vervecum in patriâ, crassoque sub aëre nati,

nous n'y saurions rien comprendre. Les chiffres mêmes, ces instrumens fidèles de la raison la plus sûre et la plus exacte: eh bien! le sophisme s'en est emparé. Le calcul a ses illusions comme l'éloquence de nos Eschisnes.

Relativement aux dépenses de la guerre,

le ministre dirigeant est, dit-on, fort inquiet. Je crois, à cet égard, voir deux responsabilités bien distinctes, celle de ministre et celle de grand-comptable; il ne faut pas les confondre, ni faire que l'une, la dernière, aille se perdre et s'abîmer dans l'autre. La responsabilité ministérielle, nullement définie par aucune loi, demeure vague comme une responsabilité morale à laquelle, aux yeux des hommes, il est facile d'échapper; mais celle d'agent du trésor, qui a fait les fonds, est précise et formelle.

L'embarras dans lequel a pu se trouver M. le premier ministre est pourtant concevable, au commencement d'une guerre qui avait contre elle tant d'opposans; au nombre desquels se trouvait même son Excellence. On n'avait point assez préparé lorsque, tout-à-coup, comme si un équilibre venait d'être rompu dans le cabinet en faveur d'une guerre long-temps mise en suspens, que vite il faut entrer tel jour sur le territoire espagnol. Dès-lors, tout fut fait à la hâte, tout devint sacrifice pour l'approvisionnement. On entendait dans les bureaux : l'armée est entrée, l'armée s'avance rapidement.....; où sont les hommes, les vivres, les voitures de transport? Enfin on ne s'y reconnaissait plus, tant il y avait d'empressement et de confusion. Dans ces graves circonstances, où tant de petits génies se trouvaient dans l'embarras, se présente le sauveur Ouvrard; il promet de rattraper le temps perdu, et l'armée qui est déjà loin.

Le ministère, de son côté, dit : coûte qui coûte, il faut vaincre une révolution, il importe d'assurer à la légitimité son plus grand triomphe; et, d'ailleurs, les chambres ne nous demanderont pas compte de la victoire : dans une assemblée française, ce mot magique nous sauvera des illégalités.

Le magique n'a pas aveuglé l'assemblée qui ne confond pas la gloire, qui marchait devant, avec l'improbité qui s'engraissait par derrière. Il y a eu là du gouvernement représentatif.

Quant au grand munitionnaire, pour qui la guerre a été si profitable, puisqu'elle l'a restauré sur le trône de la fortune, il sera curieux de l'entendre : c'est une nouveauté en France qu'un munitionnaire en jugement. Le gouvernement représentatif a encore fait là quelques pas.

Toutefois, les amis de son Excellence ne doivent pas être sans quelques craintes sur l'issue de ce procès d'où jailliront, sans doute, de grandes lumières sur les manœuvres secrètes, ténébreuses qui s'ourdissent toujours dans quelques coins d'une administration imprévoyante; tout alors viendra aggraver la position de M. le premier ministre. Apercevez-vous au loin la fâcheuse coïncidence? Ce procès malheureux arrivera au moment de la session prochaine, c'est-à-dire, dans le temps même qu'il n'y aura plus de salut pour les grands projets, que tout sera jugé, dévoilé par une cruelle expérience, après avoir été, depuis long-temps, condamné par la raison et les lumières. Vaincu, défait dans sa campagne financière, de plus, mis en quelque sorte en haute surveillance par l'ajournement des comptes de la guerre, comment M. de Villèle se présentera-t-il aux chambres? quelle sera son attitude?

Je vois déjà l'horizon ministériel se couvrir d'un sombre nuage, et j'entends la foudre qui gronde dans le lointain. Ici son nom peut-être sera mis en scène devant les tribunaux; là des capitalistes déçus, des rentiers confians, victimes tombées sur le champ de bataille feront retentir, dans l'amertume de leur douleur, des milliers d'accusations. La confiance des Chambres se retirera pour abandonner l'homme à sa propre responsabilité, et la majorité d'hier se décomposant, une nouvelle s'élèvera. Conduite par des chefs habiles, qui n'ont cessé de combattre les plans financiers comme désastreux, cette majorité deviendra accusatrice, et le ministre, dont un côté de la gestion sera livré aux tribunaux, pourra être en même temps mis en accusation devant les chambres ! Les jésuites mêmes, dont il ne cesse d'entretenir l'amitié par toutes sortes de présens, ne le sauveront pas; car, pour eux, humiliés de toujours recevoir la loi, tandis qu'ils voudraient la donner, sa chute est aussi leur but secret, tant ils sont avides d'avancer et de s'emparer du terrain.

Voilà, si je ne me trompe, le coup qui se prépare, c'est ainsi que les choses tourneront, j'ose en avertir M. le président du conseil; que s'il ne court pas au-devant avec les ressources d'un génie inventif, et muni de ces expédiens dont la promptitude lui est si familière pour déjouer les événemens, je ne réponds pas de son salut.

Si tout change autour de lui et prend l'aspect du revers, c'est ici que son habileté doit se déployer. Il importe donc de s'opposer à la jonction des circonstances, dont le concours ne manquerait pas de l'accabler; il les tournera de manière à en empêcher la réunion. Diviser pour régner, diviser pour combattre et vaincre, c'est la même chose. Comme Napoléon défendait, avec une poignée de braves, le sol de la France, son génie suppléant au nombre, de même son Excellence défendra, s'il le faut, avec un petit nombre d'amis dévoués, le sol ministériel. N'espérez pas, messieurs les alliés des oppositions, que nous signions notre déchéance; nous nous défendrons jusqu'à la dernière goutte de sueur, il vous faudra nous enlever tout vifs. .

Il est vrai que le système septennal offre des ressources, sous ce rapport il est d'une merveilleuse invention. On peut trouver là, non-seulement de quoi se sauver, mais même des armes suffisantes pour écraser ses ennemis.

Car, dès l'instant qu'on a proscrit l'élection annuelle, telle qu'elle est écrite dans la Charte, le gouvernement représentatif a été dénaturé chez nous : il tourne dans un autre sens qui est tout opposé. Ainsi ce n'est plus l'opinion par l'organe de ses représentans qui enfante, dirige et redresse le ministre. Un ministre aujourd'hui a la prescience ; il ne provient plus de l'opinion qui doit être sa mère, ou, s'il en est sorti, il doit la renier, parce qu'il ne dépend plus d'elle. Un ministre est posé maintenant comme un principe pur, *à priori*, tout doit émaner de lui par voie de déduction ; jusque dans les dernières conséquences il doit se retrouver du Villèle. Au lieu de recevoir, comme ministre, l'empreinte nationale, c'est la nation qui doit porter l'empreinte de son premier ministre. Ce n'est plus le génie de la France

qui doit animer M. de Villèle, c'est la France
qui doit se mouler sur ce noble patron.

« Or, si le ministre ne peut plus être une
création de la chambre ou des chambres re-
présentantes de la grande opinion du dehors, nécessairement c'est la chambre qui
est sa création et sa créature. Dans ce beau
système, un seul homme est tout comme
unité première et fondamentale, et le reste
accessoire. En cas de contradiction trop
forte, la dissolution n'est-elle pas là?

« Plutôt que de se laisser renverser, son
Excellence congédiera ceux qui voudraient
l'abattre; elle aura recours à la prérogative
royale, et tout sera dit. On procédera à de
nouvelles élections, lesquelles seront aussi
heureuses, dans leurs résultats, que les pré-
cédentes; car le pouvoir possède aujourd'hui
le secret de les obtenir à satisfaction.

Grand écrivain, vous qui nous promet-
tiez l'âge d'or sous le système septennal,
voyez comme vous vous êtes trompé. Au
point où sont les choses, l'élection ne serait-
elle pas un bonheur, une planche de salut?
nous sortirions sans secousses de la position

actuelle. Il est vrai que si vous avez été en partie l'auteur de ce système, vous n'en êtes pas le continuateur. Vous avez fait une découverte que d'autres se sont appropriée, et ils s'en sont fait délivrer le brevet pour sept ans. Il se peut qu'en demeurant aux affaires, vous eussiez réalisé pour nous ce bonheur, dont votre belle imagination se plaisait à embellir les destinées de la France, et qui devait être un des beaux attributs du nouveau règne. Au reste, je ne fais pas un tort à un grand homme de se tromper, surtout lorsque ses méprises tiennent à la candeur de son âme.

Espérons qu'un Dieu viendra trancher le nœud qui nous retient; ce dieu ce sera l'opinion; elle sera pour nous un air bienfaisant qui nous rendra à la vie et à l'espérance.

En effet, quel malheur si un pareil système de pétrification prévalait pour long-temps; que deviendrait cette belle, cette studieuse jeunesse de la France, mûre avant le temps, elle qui se montre déjà si apte aux affaires de son pays, elle qui nous promet tant de supériorités dans tous les genres!

Il est certain que si M. le premier ministre eût rencontré partout une foi aveugle,
nul doute que ses plans auraient réussi;
mais l'opinion par la presse, mais les argu-
mens qui viennent de tous côtés, mais la
malveillance qui a répandu des alarmes,
tout a contrecarré l'homme aux grands projets.

De tout cela, résulte une leçon: c'est
qu'il n'en est pas en matière d'intérêt,
comme en matière d'élection : les opinions
politiques sont molles, élastiques, et peuvent
se comprimer jusqu'à un certain point; mais
les intérêts font résistance et ne reculent
pas.

Enfin, confions-nous en la sagesse, en la
bonté de notre excellent Roi, peut-être tou-
chons-nous au terme de notre délivrance,
et la Charte jurée par notre nouveau Sou-
verain, reprendra son premier éclat.

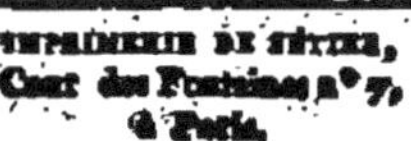

IMPRIMERIE DE FÉRRA,
Cour des Fontaines n° 7,
à Paris.